W0062817

ANNIKA SCHENKER

DALAI LAMA

— KLEINE ANEKDOTEN AUS DEM LEBEN EINES GROSSEN MANNES DES BUDDHISMUS —

Bibliografische Information der Deutschen Nationalbibliothek

Die Deutsche Nationalbibliothek verzeichnet diese Publikation in der Deutschen Nationalbibliografie. Detaillierte bibliografische Daten sind im Internet über http://d-nb.de abrufbar.

Für Fragen und Anregungen:

info@rivaverlag.de

1. Auflage 2016

© 2016 by riva Verlag, ein Imprint der Münchner Verlagsgruppe GmbH
Nymphenburger Straße 86
D-80636 München
Tel.: 089 651285-0
Fax: 089 652096

Redaktion: Claudia Fregiehn, Mülheim-Ruhr
Umschlaggestaltung: Catharina Aydemir, Starnberg
Umschlagabbildung: Ullstein / AP
Satz: inpunkt[w]o, Haiger
Druck: Graspo CZ, Tschechische Republik
Printed in the EU

ISBN Print 978-3-86883-850-3
ISBN E-Book (PDF) 978-3-95971-165-4
ISBN E-Book (EPUB, Mobi) 978-3-95971-166-1

Weitere Informationen zum Verlag finden Sie unter

www.rivaverlag.de

Beachten Sie auch unsere weiteren Verlage unter
www.muenchner-verlagsgruppe.de

Inhalt

Vorwort

Über sich selbst sagt der vierzehnte Dalai Lama, er sei nur ein einfacher Mönch. Für die tibetische Bevölkerung aber ist er ein Halbgott, und für Millionen Menschen auf der ganzen Welt ist er eine Quelle der Kraft und der Inspiration. Sein Lachen sei ansteckend, sagen die Menschen, die ihn getroffen haben. So ehrlich und rein. Er strahlte Güte aus. Positive Energie.

In einem tibetischen Bergdorf kommt er zur Welt, am 6. Juni 1935, als Kind einer armen Bauernfamilie. Sein Name: Lhamo Dhondup. Als der Junge zwei Jahre alt ist, findet ihn ein Trupp Gesandter des heiligen Palastes, sie sehen in ihm die Reinkarnation des vorherigen Dalai Lama. Das Kleinkind erkennt eine Reihe von Gegenständen wieder, die seinem Vorgänger gehört hatten. Und Menschen aus seinem früheren Leben.

Mit nur sechs Jahren beginnt die Ausbildung des jungen Tenzin Gyatso, so sein Mönchsname, im Kloster. Abgeschottet von der Außenwelt, mit Dienern, Lehrern und Köchen als Spielgefährten, wird er in Kunst und Kultur, Medizin und Philosophie, Schrift und Astrologie geschult.

Jeder Morgen beginnt für ihn bis zum heutigen Tag mit Meditation – dafür steht er zwischen drei und vier Uhr morgens auf.

Mit nur sechzehn Jahren wird ihm angesichts der drohenden Invasion Tibets durch China frühzeitig die politische Verantwortung für sein Land übertragen. Obwohl er für eine Zeit lang nach Beijing reist, um dort mit Mao Zedong zu verhandeln, lässt sich die Invasion trotzdem nicht aufhalten. Mit 23 Jahren macht der junge Dalai Lama seinen Abschluss in buddhistischer Philosophie mit Auszeichnung.

Nicht viel später, als 1959 Aufstände der Tibeter von chinesischen Soldaten brutal niedergeschlagen werden, muss das Oberhaupt des Volkes als Soldat verkleidet, aus dem eigenen Land fliehen. Nach einer strapaziösen Flucht kommt er an der indischen Grenze an, wo ihm Exil gewährt wird. Dort lebt er bis heute in Dharamsala. Mittlerweile haben sich viele weitere Exiltibeter in seinem Umfeld angesiedelt, weswegen der Ort, in dem er lebt, auch »Little Lhasa« genannt wird.

Von Dharamsala aus reist der Dalai Lama um die Welt. Er besucht Staatsoberhäupter, spricht vor den Medien, hält Vorträge. Auf Reisen meditiert er im Flugzeug und hat immer eine kleine Buddhastatue im Gepäck. Er kämpft darum, dass Tibet Gesprächsthema bleibt, und darum, irgendwann Autonomie für sein Land zu erreichen. 1989 wird er dafür mit dem Friedensnobelpreis ausgezeichnet.

Seit 2001 betrachtet er sich als »halb zurückgetreten«, weil er seine politische Macht an einen demokratisch gewählten Vertreter abgegeben hat, zum ersten Mal in der Geschichte Tibets. Für die Autonomie seines Volkes aber setzt sich der mittlerweile Achtzigjährige weiter unermüdlich ein. Bis heute schlummert in ihm die Hoffnung, noch einmal nach Tibet zurückkehren zu können.

Dieses Buch sammelt erstmals die kleinen Anekdoten rund um die wichtigste Figur des tibetischen Buddhismus. Komische, witzige, nebensächliche und solche mit Symbolkraft. Und um ein Zitat dieses großen Mannes hinzuzufügen: »Wer alles mit einem Lächeln beginnt, dem wird das meiste gelingen.«

Als der Dalai Lama einmal heimlich Würstchen isst und sein Koch dafür Ärger bekommt

Buddhisten dürfen kein Tier töten, um es zu essen. Es ist zwar nicht verboten, Fleisch zu essen, nur töten darf man das Tier eben dafür nicht. Die Mutter des Dalai Lama besorgt sich also wie viele buddhistische Tibeter ihr Fleisch bei Muslimen. Sie gilt als eine ausgezeichnete Köchin.

Und wenn sie ihren Sohn, noch ein Kind, im Palast besucht, wo er zwischen Dienern und Lehrern aufwächst, dann kann er sich immer auch auf ihre leckeren Mitbringsel freuen. Meistens sind das Süßigkeiten, ihre Spezialität. Einmal bringt sie ihm Würstchen mit, gefüllt mit Hackfleisch und Reis. Sie sind wahnsinnig gut, eine seltene Delikatesse für den Jungen, und um sie nicht mit seinen Dienern teilen zu müssen, isst der Dalai Lama sie heimlich, und zwar alle auf einmal.

Das bekommt ihm nicht besonders gut, im wahrsten Sinne des Wortes. Er erwacht mit einer fiesen Magenverstimmung. Den Ärger dafür bekommt wiederum sein Koch, was der Junge so dann doch nicht stehen lassen will. Er gesteht seinem Lehrmeister, was wirklich geschehen ist.

Wenn der kleine Dalai Lama sein Elternhaus besuchen darf, freut nicht nur er sich darauf, sondern auch die Dienerschar seiner Eltern, die ihn immer wie einen ganz normalen Jungen behandelt. Ihre gemeinsame Lieblingsbeschäftigung ist es nämlich, die Vorratskammer der Eltern zu plündern, die besonders im späten Herbst mit haufenweise getrocknetem Fleisch gefüllt ist. Diese Beute in Chilisauce getunkt: Herrlich! Nur passiert es wieder einmal, dass der gierige kleine Dalai Lama viel mehr davon isst, als ihm bekommt: Diesmal muss er sich erbrechen, was ihm ganz schön peinlich ist.

Als der Dalai Lama seinen Lehrern einmal zu faul ist

Als spirituellem wie politischem Staatsoberhaupt wird dem kleinen Tenzin Gyatso eine exzellente Ausbildung zuteil. Nach dem morgendlichen Meditieren lernt er täglich in seinem Palast mit seinen Lehrern: die tibetische Schrift, buddhistische Texte, nach einer Spielpause außerdem Dialektik, Kunst und Kultur, Medizin und buddhistische Philosophie. Der Junge begreift schnell; das Lernen fällt ihm nicht schwer.

Was ihm aber entgeht: der Kontakt zu Gleichaltrigen. Manchmal kann er abends von seinem Zimmer aus die Jungen hören, die die Kühe von ihren Weideflächen zurück ins Dorf treiben – ihr Lachen, die Lieder, die sie dabei singen. Jungen in seinem Alter. Manchmal wünscht er, er könnte mit ihnen tauschen.

Tagein, tagaus studiert der Dalai Lama allein mit seinen Lehrern – und gibt sich dabei gerade so viel Mühe, wie er muss. Er hat keine Klassenkameraden, die seinen Ehrgeiz herausfordern, an denen er sich messen kann. Seine Lehrer merken das natürlich und überlegen sich, wie sie den Dalai Lama zu einem eifrigeren Schüler machen können. So kommt es, dass sie ihn in einem Examen in einen Wettstreit mit seinem Lieblingsdiener treten lassen. Aber es ist ein Trick: Der Diener kennt die Antworten schon im Voraus, und der kleine Dalai Lama verliert.

Was für eine Schmach! Klar, dass der Junge das nicht auf sich sitzen lassen will und Tag und Nacht wie verbissen lernt. Zumindest für einige Zeit. Dann fällt Tenzin Gyatso in seine alten Gewohnheiten zurück. Denn auch der Dalai Lama ist ein Kind wie jedes andere.

Als der Dalai Lama einmal vergeblich Freundschaft mit einem Papageien schließen will und auf die Katze kommt

An seine Sommerresidenz in Lhasa ist ein Park angeschlossen, in dem der Dalai Lama als Junge viel Zeit verbringt. Dieser Park ist damals nicht nur wunderschön begrünt, er beherbergt auch eine Vielzahl an Tieren, die den Jungen faszinieren. Bulldoggen und Bergziegen, Affen und Leoparden (in Käfigen natürlich), Pfauen – und Papageien. Der Gewandmeister des Dalai Lama ist mit einem Papagei gut befreundet. Er hat den Vogel so weit gezähmt, dass er ihm Nüsse aus der Hand frisst. Und während der Papagei diese Leckerbissen verzehrt, krault ihm der Gewandmeister das Köpfchen, was dieser wiederum sichtlich genießt.

Neidisch auf dieses innige Verhältnis, versucht der Dalai Lama es dem Gewandmeister gleichzutun. Aber der Papagei macht keinerlei Anstalten, sich von der jungen Heiligkeit kraulen zu lassen. Wütend bestraft der Junge ihn mit einem kleinen Stöckchen – was den Vogel nicht gerade zutraulicher macht. Daraus lernt der

Dalai Lama: Freundschaft lässt sich nicht erzwingen.

In dem großen Park gibt es auch einen Teich, in dem viele Fische leben, und zu ihnen hat er einen besseren Draht. Wenn der Dalai Lama am Ufer steht und nach ihnen ruft, kommen sie meist angeschwommen, um ein paar von den Brotstückchen zu ergattern, die der Junge ins Wasser wirft. Dabei achtet er genau darauf, dass auch die kleineren Fische ihre Ration erhalten; dafür drängt er die Größeren oft mit einem Stock beiseite.

Prinzipiell ist der Dalai Lama bis heute ein tierlieber Mensch; nur Pferde und Raupen lassen in kalt. Richtig: Raupen. Spinnen sind ihm kein Graus, Schlangen fürchtet er nicht, aber diese noch nicht verpuppten Wesen lösen in ihm gar nichts aus. Pferde flößen ihm, sagen wir mal so, einen ziemlichen Respekt ein. Was nicht immer hilfreich ist. Schließlich war das Pferd in Tibet ein gängiges Fortbewegungsmittel für ihn. Zum Unmut seines Stallmeisters bevorzugt der Dalai Lama dann aber, auf einem Maulesel zu reiten. Das empfindet der Stallmeister als Seiner Heiligkeit nicht würdig.

Später, im indischen Exil, hält der Dalai Lama auch eigene Haustiere. Zwei Hunde, die er geschenkt bekommen hat, später Katzen. Seine erste hat die störende Angewohnheit, Mäuse mit ins Haus zu bringen und dort zu Tode zu quälen – ein grässlicher Anblick für einen jedes Leben hoch schätzenden Buddhisten. Bei dem Versuch, der Katze die Maus abzujagen, fällt die auf die Vorhangstange getriebene Katze aber unglücklich herunter, verletzt sich an den Hinterbeinen und stirbt wenig später an diesen Verletzungen. Kurz darauf findet der Dalai Lama in seinem Garten ein junges Kätzchen, offenbar von seiner Mutter ausgesetzt. Es hat verkrüppelte Hinterbeine. Keine Frage, dass der Dalai Lama diese Reinkarnation seines Haustieres sogleich adoptiert.

Als der Dalai Lama seinen ersten Gopse kennenlernt

Im noch freien Tibet halten sich zu der Zeit, in der der 1935 geborene Dalai Lama aufwächst, nur wenige Ausländer auf. Dafür brauchen sie eine Sondererlaubnis. Als also die Kunde von Heinrich Harrers Ankunft die Runde macht, brennt der junge Dalai Lama darauf, ihn kennenzulernen. Zusammen mit einem Landsmann war der Österreicher von den Engländern in Indien als Kriegsgefangener festgehalten worden. Dann gelang ihnen aber die Flucht und sie schlugen sich in zwei Jahren bis nach Lhasa durch. Davon waren die Tibeter so beeindruckt, dass sie die beiden bleiben ließen.

Heinrich Harrer hatte fließend Tibetisch gelernt und kann sich mit dem jungen Dalai Lama problemlos verständigen. Der nennt seinen neuen Freund scherzhaft »Gopse«, also Blondschopf – denn er hat noch nie einen Menschen mit so hellem Haar gesehen. 1948 begegnen sich die beiden zum ersten Mal, und der Junge ist fasziniert von der respektvollen Art, mit der ihm der Österreicher begegnet, und von seinem herrlichen Humor. Das schreibt der Dalai Lama in seiner Autobiografie. Bis zu Harrers Abreise eineinhalb Jahre später trifft sich das ungleiche Gespann einmal im Monat, dann bleiben sie per Brief in Kontakt.

Lange Zeit später, als der Dalai Lama schon als Flüchtling in Indien lebt, besucht er seinen blonden Freund auch in dessen österreichischer Heimat.

Als der Dalai Lama einmal eine heimliche Spritztour mit dem Auto unternimmt

Der dreizehnte Dalai Lama, der Vorgänger seiner Heiligkeit, hatte einmal drei Autos nach Tibet importieren lassen, die jetzt nutzlos in einem Gebäude in der Stadt herumstehen: einen Dodge und zwei Baby Austins aus den Zwanzigerjahren. Damals gab es in Lhasa auch nicht wirklich Straßen, auf denen die Wagen ernsthaft hätten fahren können. Aber der frühere Dalai Lama hatte seinerzeit trotzdem ein paar Ausfahrten mit ihnen unternommen.

Die Autos erwecken in dem technikbegeisterten Jungen den Wunsch, sie wieder in Gang zu bringen. Mit einem Chauffeur, der schließlich aufgetrieben wird, bastelt der Junge so lange an ihnen herum, bis der Dodge und einer der beiden Austins tatsächlich wieder funktionieren. Aber kaum sind die Wagen wieder fahrtüchtig, muss die junge Heiligkeit natürlich Abstand wahren. Ärgerlich! Und für einen neugierigen Jungen nur schwer hinnehmbar. Um genau zu sein: nicht hinnehmbar! Also schleicht sich der Dalai Lama heimlich zu dem Gebäude, in dem die Autos stehen, und lässt den Austin an. Der hat eine Magnetzündung, für die man keinen Schlüssel braucht. Vorsichtig fährt er den Wagen rückwärts ohne Zwischenfälle hinaus und dreht begeistert eine Runde um den Park. Bis … der Austin gegen einen Baum prallt.

Der Junge erschrickt furchtbar. Natürlich würde er unvorstellbaren Ärger bekommen, wenn jemand von seiner heimlichen Spritztour erfährt. Er schafft es, den Wagen ohne weitere Unfälle zurückzufahren, aber der vordere Scheinwerfer ist zerbrochen. Jetzt kommt ihm sein Geschick zugute: Er findet ein Stück Glas, das er passend zurechtschneiden kann. Und weil das Originalglas mattiert war, streicht er – raffiniert, wie er ist – noch Zuckersirup darauf. Zufrieden mit seinem Werk, aber voller Gewissensbisse, begegnet er das nächste Mal dem Chauffeur.

Aber sein Malheur wird nie aufgedeckt. Niemand bemerkt etwas. Oder ließ sich der Chauffeur einfach nur nicht anmerken, dass er es doch bemerkt hatte?

Als der Dalai Lama einmal Vegetarier wird, es aber nicht bleibt

Im indischen Exil kommt es dazu, dass der Dalai Lama ein paar Wochen in der Residenz des Gouverneurs von Kerala wohnt. Sein Zimmer dort liegt genau gegenüber der Küche. Eines Tages beobachtet der Dalai Lama zufällig, wie in der Küche dem Huhn, das fürs Mittagessen bestimmt ist, der Hals umgedreht wird.

Die Szene weckt starkes Mitgefühl bei ihm. Das Tier hat gelitten. Und der Dalai Lama beschließt, Vegetarier zu werden. Das ist selten unter Tibetern, da die meisten tibetischen Mahlzeiten mit Fleisch zubereitet werden, Gemüse ist in dem kargen Land oft rar. Um sich selbst zu prüfen, ob es ihm wirklich ernst ist, lässt er sich das mit dem Huhn zubereitete Essen trotzdem aufs Zimmer bringen. Ihm schlägt ein köstlicher Duft entgegen, Fleisch mit Zwiebeln und Sauce. Aber der Dalai Lama will es nach wie vor nicht essen. Es bestärkt ihn nur in seinem Entschluss. Auch auf Fisch und Eier verzichtet er in Zukunft.

Schon ein paar Jahre zuvor hatte er bei einem Bankett einmal eine heftige Diskussion mit einem Mann geführt, der zwar behauptete, Vegetarier zu sein, aber trotzdem Eier aß. Aus Eiern schlüpften Küken, also seien sie nicht vegetarisch, argumentierte der Dalai Lama – und so setzt er seinen eigenen Vegetarismus Jahre später auch konsequent um.

Seine Köche stellen sich auf die neue Kost ein, obwohl traditionell Fleisch die tibetische Küche dominiert. Auf den Rat indischer Freunde hin beginnt er, mehr Milch zu trinken und Nüsse zu essen, um sich auch als Vegetarier ausgewogen zu ernähren. Zwanzig Monate lang geht das gut. Dann wird der Dalai Lama krank.

Auf ständiges Übergeben folgen Appetitlosigkeit, schwere Erschöpfung, eine fahlgelbe Haut – der Dalai Lama hat sich die Gelbsucht zugezogen. Seine Ärzte befürchten Folgeschäden an der Leber und streichen, nachdem er sich erholt hat, fette Nahrung von seinem Speiseplan, auch die viele Milch und die Nüsse. Und: Er soll wieder Fleisch essen. Weil nicht nur seine tibetischen, sondern auch die indischen Ärzte, von denen er eine zweite Meinung einholt, dieser Ansicht sind, isst der Dalai Lama nun doch wieder Fleisch – widerwillig.

Als der Dalai Lama Zweifler mit einem Gebiss überzeugt

Ein wildes Kind, das allerlei Unfug anstellt und am liebsten den ganzen Tag mit seinen Brüdern durch den prachtvollen Palast tobt: Als Vorschüler weckt der Dalai Lama bei manch einem Zweifel, ob dieser kleine Junge wirklich die Reinkarnation von Seiner Heiligkeit sein kann. Gefunden hatte ihn ein Suchtrupp im Hause seiner Eltern, indem dieser, wie es die Tradition gebietet, allerlei Hinweisen nachging. Und tatsächlich erkannte der Kleine einige seiner ehemaligen Weggefährten wieder, konnte aus einer Reihe von Gegenständen, die ihm vorgelegt wurden, diejenigen benennen, die einst dem Dalai Lama gehört hatten. Nun aber wollen sich ein paar Menschen nicht mehr sicher sein, dass der aufgedrehte Knirps einmal zu einer spirituellen und weltlichen Größe des Landes heranwachsen soll.

Aber sowie diese Stimmen laut werden, bringt der Dalai Lama sie gleich wieder zum Verstummen. Seiner Mutter gegenüber erwähnt er, er habe sein Gebiss in einem Schrank des riesigen Palastes gelassen. Schnell bringt man das Kind zu der genannten Stelle. Er deutet auf eine Holztruhe, und in dieser Holztruhe finden sie es tatsächlich: das Gebiss, das dem dreizehnten Dalai Lama, seinem Vorgänger, gehört hat.

Auch sonst lässt er – abgesehen von dem für ein Kind eben nicht unüblichen Verhalten – keinen Spielraum für Zweifel. Sein Umfeld kann nicht leugnen, dass er auf viele Rituale, Zeremonien und Menschen, die zum Dasein des Dalai Lama gehören, mit einer beinahe unheimlichen Vertrautheit reagiert. Das Orakel mit seiner wilden Maske etwa hätte die meisten Kinder erschreckt – der Kleine lächelte ihm aber entgegen.

Wie der Dalai Lama sich nicht an Bescheidenheit zu gewöhnen braucht und seinen Anhängern näherkommt

Mit der Flucht aus Tibet lässt der Dalai Lama seine Heimat hinter sich. Er ist Anfang zwanzig, als er plötzlich zum Flüchtling wird und samt Gefolgschaft in Indien um Exil bittet. Dort siedelt er sich schließlich in Dharamsala an – einem Ort im Gebirge, wo er fortan in einem Bungalow wohnt. Vom Palast in den Bungalow: Das macht dem Dalai Lama nichts aus, als buddhistischer Mönch hat er ein Armutsgelübde abgelegt, laut dem er nichts besitzen darf.

Er nutzt die Gelegenheit, um vieles von dem offiziellen Protokoll abzuschaffen, an das sich er und sein Gefolge halten müssen: Während er in Tibet ein von der normalen Bevölkerung größtenteils isoliertes Leben führte, außerhalb des Palastes auf einer Sänfte durch die Menge getragen wurde – umgeben von Bediensteten, die das Fußvolk auf Abstand hielten –, lässt er sein Volk, die tibetischen Flüchtlinge, jetzt nah an sich heran. Denn das große Gehabe um seine öffentlichen Auftritte ist dem bescheidenen Menschen von jeher eher unangenehm. In Tibet hatte er es noch manchmal geschafft, als gewöhnlicher Bürger verkleidet, mit seinem Volk unbefangen in Kontakt zu treten, um herauszufinden, was die Menschen bewegt. Aber diese Begegnungen waren selten.

Im Grunde kann sich der Dalai Lama im indischen Exil nun größere Freiheiten herausnehmen als in seiner Heimat. Er schafft all den Pomp ab und empfängt regelmäßig neu ankommende tibetische Flüchtlinge, die ihm erzählen, was gerade in seiner Heimat vorgeht. Er besucht tibetische Siedlungen in Indien, um zu sehen, wie es seinem Volk geht. So ist er ihm auf eine gewisse Weise im Exil näher als zuvor.

Wenn der Dalai Lama nicht der Dalai Lama geworden wäre …

… dann wäre er vielleicht Uhrmacher geworden. Er liebt es, Uhren auseinanderzunehmen, Uhren zu reparieren. Der Mechanismus eines Uhrwerks fasziniert ihn; es kommt nur selten vor, dass es ihm nicht gelingt, eine Uhr zu reparieren. Auch das Filmemachen hätte ihn gereizt oder die Schriftstellerei, und natürlich wäre auch die Politik eine Option für ihn gewesen.

Ob er sonst vielleicht auch Gärtner geworden wäre? Der Dalai Lama liebt es, sich um seine Pflanzen zu kümmern. Gärtnern ist seine Leidenschaft. Es gefällt ihm, eine Pflanze blühen zu sehen, die er gesät hat. Das ist für ihn, »als hätte ich etwas geschaffen, obwohl ich nichts weiter getan habe, als diese Pflanze zu gießen«, sagte er einmal im Gespräch mit dem indischen Journalisten Mayank Chhaya. Sein Herz hängt besonders an den Orchideen. Seit er im indischen Exil lebt, hat er es schwer mit ihnen – im Sommer ist es für die Blumen eigentlich zu trocken und in der Monsunzeit zu nass.

Wenn er nicht gerade gärtnert, verfolgt er auch gern das aktuelle Zeitgeschehen vor dem Fernseher, sein Lieblingssender ist die BBC, wie früher schon im Radio – wegen der Unparteilichkeit.

Ein anderes Mal aber gefragt, ob er wohl als Wissenschaftler gearbeitet hätte, wenn er nicht als Reinkarnation des Dalai Lama erkannt worden wäre, antwortet er angesichts seiner einfachen Herkunft: »Ich wäre Bauer geworden.«

Warum der Dalai Lama immer seine weinrote Robe trägt

Die weinrote Robe des Dalai Lama gehört zu ihm wie die Uniform zu einem Polizisten, wie die Schürze zu einem Bäcker, ja wie das Fell zu einer Katze. Es ist schwer, sich den Dalai Lama ohne sein traditionelles Gewand vorzustellen. Weinrot sei mittlerweile seine Lieblingsfarbe, sagt der Dalai Lama, aber manchmal frage er sich schon, wie er in einem Anzug mit Weste aussehen würde.

Die Robe trägt er zu jedem Anlass, ob er nun alleine ist oder an einem Staatsbankett teilnimmt. Er wechselt sie nur, wenn sie schmutzig ist. Als Mönch darf er mental nur eine einzige Robe als seine eigene betrachten, tatsächlich hat er aber noch vier bis fünf weitere Roben, allein schon aus praktischen und hygienischen Gründen. Darunter trägt er meist ein Feinrippunterhemd: Deren Anzahl ist nicht aus religiösen Gründen limitiert.

Der Dalai Lama besitzt auch etwa fünf Brillen. Vor ein paar Jahren hatte er eine, deren Gläser sich bei hellem Licht dunkler tönten – was sich aber als nicht sonderlich praktisch erwies, wenn Fotografen drauflosblitzten und die Gläser sich nicht schnell genug verdunkelten. Bei Brillen ist ihm nur wichtig, dass sie bequem sind; als Mönch hat er kein Interesse daran, sich mit einem bestimmten Modell optisch besser in Szene zu setzen.

Wie der Dalai Lama mit dem Zölibat umgeht

Der Junge, der als Reinkarnation der größten Heiligkeit Tibets gefunden wurde, hatte nie wirklich eine Wahl. Er wählte nicht aktiv das Zölibat, entschied sich nicht von sich aus für den Verzicht auf intime Zweisamkeit. Es war eine Begleiterscheinung des Umstands, der Auserwählte zu sein. Natürlich war auch der Dalai Lama, wie jeder heranwachsende Mensch, neugierig auf Sex. Doch dabei hat er keinen vertrauten Ansprechpartner oder Gleichaltrigen, mit denen er sich austauschen kann. Es bleibt bei der Neugier. Als Mönch lernt er, sich nicht von solchen Gedanken ablenken zu lassen: »Sex ist oft das Ergebnis eines unbeschäftigten Geistes«, sagt er dem indischen Journalisten Mayank Chhaya.

Für den Dalai Lama ist Sex an sich aber keine Sünde, sondern ein natürlicher Aspekt des Lebens. Problematisch daran ist eher, dass daraus Bindungen entstehen können, sogar Kinder – und das ist mit einem Leben im Kloster nicht vereinbar. Er habe beschlossen, nicht nach solchen Vergnügungen zu streben, sagt er. Sein Leben ist ein anderes.

Warum der Dalai Lama der Letzte seiner Art sein könnte

Der Dalai Lama ist der vierzehnte seiner Art, und laut einer tibetischen Prophezeiung soll es insgesamt siebzehn Dalai Lamas geben. Ob das Dasein eines Dalai Lama dann überflüssig wird oder warum von diesen siebzehn ausgegangen wird, ist nicht überliefert. Sicher ist: Der Dalai Lama wurde als Kleinkind als Reinkarnation erkannt – damals war Tibet noch ein freies Land. Jetzt lebt der Dalai Lama nicht einmal mehr in Tibet, sondern in Indien. Wo sollten sich die Fachleute nach seinem Ableben also auf die Suche machen?

Und wonach sollten sie suchen? Der Dalai Lama könne sowohl ein Mann als auch eine Frau sein, sagt er; man müsse mit der Zeit gehen. Er selbst meint: »Die Dalai Lamas werden zu einem speziellen Zweck geboren. Solange die Lebewesen sie brauchen, kehren sie wieder.« Einige denken, er könne der Letzte seiner Art sein. Und fürchten, der Kampf um Tibet sei verloren, wenn das Land seinen prominenten Fürsprecher verliert.

Selbst wenn eine Reinkarnation des Dalai Lama gesucht und gefunden wird, würde es lange Jahre dauern, bis dieser wieder an Einfluss gewinnt.

Der Dalai Lama kann sich auch unkonventionelle Methoden vorstellen, um für den Erhalt dieser Institution zu sorgen: beispielsweise zu seinen Lebzeiten noch einen Dalai Lama zu ernennen. Noch aber erfreut sich der Dalai Lama guter Gesundheit. Und seine weltliche Macht hat er schon abgegeben, an einen von den Exiltibetern demokratisch gewählten Regierungschef.

Die Regierung Chinas hat ihre eigenen Vorstellungen, wie die Nachfolge des Dalai Lama zu regeln sei: Sie wünscht sich eine Reinkarnation des Dalai Lama, wie die Tradition es verlangt – aber selbstverständlich unter chinesischer Kontrolle.

Als der Dalai Lama einmal einen Fotografen um sein Nickerchen beneidet

Der Dalai Lama ist bekannt für seinen von Etikette befreiten, ungezwungenen Umgang mit den Menschen um ihn herum. Als sich bei einer Veranstaltung ein Fotograf einmal so sehr ins Zeug legt, um ein gutes Bild vom Dalai Lama zu bekommen, dass er sich mit seiner Kamera neben dessen Stuhl auf den Boden wirft und mit seinem Teleobjektiv wie wild nach oben knipst, ist Seine Heiligkeit kurz irritiert. Dann aber lacht er und fragt, ob er sich dort auch zu einem kleinen Nickerchen hinlegen könne.

Später, nachdem der Fotograf noch ein reguläres Gruppenfoto vom Dalai Lama und von den anderen Teilnehmern der Veranstaltung gemacht hat, ruft der Dalai Lama den Fotografen zu sich. Er umarmt den Mann für ein Foto nur von den beiden.

Wie der Dalai Lama einmal einen Iren mit Kriegsverletzung zu seinem persönlichen Helden kürt

Richard Moore ist zehn Jahre alt, als ihn während der Unruhen in Nordirland das Gummigeschoss eines Briten trifft. Ins Auge. Das Kind erblindet. Aber der kleine Richard schafft es, dem Soldaten zu verzeihen. Er macht das Beste aus seiner Situation und konzentriert sich auf die Fähigkeiten, die er noch hat. Moore lässt sich von seiner Behinderung nicht davon abhalten zu studieren. Er wird ein erfolgreicher Geschäftsmann und gründet schließlich die Hilfsorganisation »Children in the Crossfire«, die sich um Kinder in Kriegsgebieten kümmert.

Der Dalai Lama lernt Richard Moore bei einem Besuch in Nordirland kennen. Als er das Land Jahre später wieder besucht, erzählt er von einem Erlebnis, das ihn damals beeindruckt hatte: Moore kennengelernt zu haben. Und dieser sitzt bei dem Vortrag im Publikum und kann kaum glauben, was er da hört.

Der Dalai Lama wird schließlich zu einem der wichtigsten Förderer und Unterstützer von Richard Moore – des Mannes, der Liebe praktiziert, seit er ein kleiner Junge ist. »Er ist mein Held«, sagt der Dalai Lama bei einer anderen Veranstaltung in Nordirland über ihn. Der Mann, dem man das Sehvermögen genommen hat, der aber beschloss, nicht in Selbstmitleid zu baden. Sondern zu verzeihen und mit seiner Behinderung einfach weiterzumachen, so gut es geht. Der mit Liebe und Mitgefühl seinen Schicksalsschlag verwunden hat, statt zu verbittern.

Tatsächlich macht sich Richard Moore nach ein paar Jahren auf, um den Soldaten zu finden, der ihn so unglücklich getroffen hat. 21 Jahre nach dem Unfall bekommt Charles Innes, der Soldat, einen Brief von Moore, der ihn kennenlernen will. Innes hat zeit seines Lebens darunter gelitten, das Kind verletzt zu haben. Die beiden treffen sich, führen ein langes Gespräch – und werden Freunde.

Seitdem haben sie ihre Geschichte immer wieder gemeinsam erzählt – auch bei Auftritten des Dalai Lama. Aber natürlich ist Richard Moore nicht der einzige Mensch, den der Dalai Lama bewundert. Da sind zum einen die großen Namen wie Gandhi, Nelson Mandela, Mutter Teresa.

Aber es sind zum anderen auch die, die sich in ihrem Alltag aufopfern, ohne dass über sie auch nur ein einziger Artikel in der Zeitung erscheint. Den Menschen, die sich für ihre Mitmenschen engagieren, begegnet er mit dem höchsten Respekt. Als »Inspiration und Vorbild für uns alle« bezeichnet er etwa seinen verstorbenen Freund Baba Amte. Dieser litt an einer degenerativen Wirbelsäulenerkrankung, die ihn über lange Zeiten ans Bett fesselte. Doch ungeachtet dessen engagierte er sich für die Schwächsten der Gesellschaft; vor allem für Leprakranke, die in erster Linie von Almosen leben. Er baute mit ihnen zusammen eine Infrastruktur auf, die es den Leprakranken ermöglichte, ihren Lebensunterhalt selbst zu verdienen: mit dem Basteln von Grußkarten oder dem Weben von Teppichen zum Beispiel. Aus dieser Idee ist eine ganze Gemeinschaft entstanden, ein ganzes Dorf, das sogar eine eigene Schule und ein Krankenhaus hat. Baba Amte glaubte daran, dass die Menschen nur durch Arbeit ihr Selbstwertgefühl zurückerlangen können. Und der Dalai Lama glaubt wie er an die Hilfe zur Selbsthilfe. Baba Amtes Söhne führen seine Arbeit fort.

Warum der Dalai Lama den Buddhismus als Wissenschaft behandelt

Für den Dalai Lama ist Buddhismus sehr viel mehr als eine Religion. So sagt er schon über Buddha, der seine Anhänger zum Forschen und Experimentieren anhielt: »Das ist doch ein sehr wissenschaftliches Denken. Man könnte Buddha auch als indischen Wissenschaftler der Antike betrachten.« Der Buddhismus ist für den Dalai Lama eine innere Wissenschaft, eine seit Jahrtausenden betriebene Analyse des Geistes.

Auch deswegen ist der Dalai Lama neugierig auf die Forschungsergebnisse anderer Theoretiker und Wissenschaftler, auf neue Erkenntnisse, auf Untersuchungen, die seine eigenen Theorien stützen oder infrage stellen.

Bei einem gemeinsamen Mittagessen mit dem Kognitions- und Neurowissenschaftler Francisco Varela fragt der Dalai Lama einmal, ob Varela nicht zu ihm nach Dharamsala kommen könne, um ihm mehr über seine Wissenschaft beizubringen. Varela denkt darüber nach und beschließt, das nicht alleine, sondern mit einer Gruppe von Kollegen zu tun.

Dafür gründet er später mit Tenzin Gyatso und dem Geschäftsmann Adam Engle das »Mind and Life«-Institut, dessen zentrales Anliegen zunächst die Ausrichtung von kleinen Kongressen des Dalai Lama mit Wissenschaftlern ist. Diese Treffen finden bis heute statt. Und sie bringen nicht nur dem Dalai Lama neue Erkenntnisse; sein Wissen über die buddhistische Sichtweise des Geistes hat auch schon die wissenschaftliche Forschung inspiriert. Manchmal bringen auch pointierte Fragen zu einer bestimmten Untersuchung einen neuen Blickwinkel auf diese. »Wie viele Kinder reagieren denn so?«, fragt der Dalai Lama dann zum Beispiel zu einer Studie über das Mitgefühl von Kleinkindern, und: »Wurde ihre wirtschaftliche Lage berücksichtigt?« Wie verlässlich und repräsentativ solche Studien sind, ist auch für ihn wichtig, er sammelt bei den wissenschaftlichen Treffen »Munition«, wie er sagt: Forschungsergebnisse, mit denen er seine Thesen bei öffentlichen Auftritten untermauern kann.

Was den Dalai Lama und Papst Franziskus verbindet

Der Dalai Lama verzichtet auf Luxus und lebt sein Leben wie ein einfacher Mönch, hält sich an seinen strengen Tagesablauf, besitzt nur das Nötigste. Nicht weiter verwunderlich, dass er sich Papst Franziskus, der ein ähnlich spartanisches Leben führt, verbunden fühlt. Der Papst lebt nicht in den für ihn vorgesehenen Räumen, sondern in den einfacheren des Gästehauses; statt »Papst« wählt er, wenn er kann, lieber den Titel »Bischof von Rom«.

Der Dalai Lama schätzt es sehr, als Papst Franziskus sämtlichen Kirchenvertretern zu einem bescheidenen Leben rät, und schreibt ihm einen Brief voller Zustimmung. Und noch einen, als Papst Franziskus den Bischof von Limburg Franz-Peter Tebartz-van Elst wegen dessen verschwenderischen Umgangs mit Geldern von seinen Pflichten entbindet. Denn für den Dalai Lama besteht aktives Mitgefühl auch darin, sich gegen Missstände zu wenden. »Eine mitfühlende Haltung genügt nicht, man muss auch handeln«, sagt er.

Was der Dalai Lama sagen würde, wenn er nur einen Moment lang reden könnte

Es gibt Fragen, die regen zum Nachdenken an. Es gibt Fragen, die sind oberflächlich, aber in Ordnung. Und es gibt Fragen, die ziemlich blöde sind. Selbst professionelle Fragesteller, also Interviewer und Journalisten, stellen manchmal doofe Fragen. Davon bleibt auch der Dalai Lama nicht verschont.

Bei einer offenen Presserunde will ein Reporter zum Beispiel wissen, was der Dalai Lama sagen würde, wenn er sein gesamtes Leben in Stummheit verbracht hätte und nun für einen Augenblick sprechen könnte.

Der Dalai Lama lacht und sagt: »Das ist eine blöde Frage.« Das Publikum lacht schallend und applaudiert. »Nun, es kommt sehr auf den Anlass an. Stellen wir uns vor, ich wäre sehr hungrig in dem Moment, wo ich auf einmal reden könnte: Ich würde wahrscheinlich sagen, ich hätte gerne etwas zu essen.«

Warum der Dalai Lama so gern Lufthansa fliegt

Fliegen hat den Dalai Lama, vor allem als er anfing, um die Welt zu reisen, sehr nervös gemacht. Wenn sich die Flugzeugtüren schließen, kann das Gefühl des Ausgeliefertseins eben auch Seine Heiligkeit befallen. Und wenn dann noch eine leichte Turbulenz dazukommt ... Dieser Gedanke, man könnte über dem Ozean abstürzen, im Magen eines Haies enden ... Schwitzige Handflächen, sehr schwitzige Handflächen hatte der Dalai Lama dabei. Die Angst ist aber mit den Jahren und den vielen Flügen weniger geworden. An Bord liest der Dalai Lama nicht etwa Zeitschriften oder schaut die neuesten Blockbuster im Bordprogramm – er meditiert. Oder er schläft und meditiert danach, falls der Flieger nachts startet. Von seiner täglichen Routine lässt er sich – so gut es geht – auch im Flugzeug nicht abbringen.

Oft fliegt der Dalai Lama mit Lufthansa – mit der deutschen Airline fliegt er sogar am liebsten. Er hat Vertrauen in die Techniker, in die Wartung und sie bietet ein gutes Timing. Bei ihren Flügen, die von Indien abfliegen, sind meist gute Verbindungen für Seine Heiligkeit dabei. Er ist sogar Besitzer einer »Miles & More«-Karte, mit der Lufthansa-Vielflieger Bonusmeilen sammeln können.

Was den Dalai Lama an teuren Hotels stört

Wenn der Dalai Lama auf Reisen ist, wohnt er meistens in Hotels. Er hat nicht viel Gepäck dabei, aber zwei Dinge sind darin immer zu finden: eine kleine Buddhastatue, »mein Boss sozusagen«, die im Hotelzimmer immer einen guten Platz bekommt. Und dann ist da noch das aufblasbare Kissen. Seine Heiligkeit nimmt sein eigenes Kissen mit auf Reisen, weil er sonst schlecht schlafen kann.

Damit ist das Setting perfekt für eine geruhsame Nacht, die für den Dalai Lama früh beginnt und früh endet. Eventuell schokoladenhaltige Betthupferl, die der Zimmerservice für ihn bereitgelegt hat, lässt er links liegen – Schokolade isst er so gut wie nie, schon gar nicht nach dem Zähneputzen.

Nachdem er gegen drei oder vier Uhr aufgestanden ist, frühstückt der Dalai Lama nach einer Runde Meditation für gewöhnlich gegen fünf Uhr dreißig. Auf Reisen aber wird das zum Problem: Viele Hotels servieren das Frühstück erst gegen sechs, manche auch erst um sieben Uhr. »Das ist doch total verrückt: Da sind so viele Hotels so wahnsinnig teuer und luxuriös, aber ich muss hungrig bleiben«, sagt der Dalai Lama in einem Interview mit dem Magazin »Focus«. Eine Zeit lang hat er sich also am Vorabend Brote belegt, die zu seiner gewohnten Zeit frühstücken konnte. Ganz früher hatte er oft Tsampa dabei, eine tibetische Spezialität aus geröstetem Gerstenmehl, mittlerweile reichen ihm auch ein paar Kekse. »Und ich nehme immer Honig mit, ich liebe Honig. Mittlerweile schicken mir Freunde aus der ganzen Welt Kostproben«, sagt der Dalai Lama und macht natürlich noch einen Scherz dazu: »Ich esse so viel Honig, dass die Gefahr besteht, dass der vierzehnte Dalai Lama als Biene wiedergeboren wird!«

Auch ein Dalai Lama geht shoppen

Der Dalai Lama hat ein sehr weltliches Hobby: Wenn er auf Reisen ist, geht er leidenschaftlich gerne shoppen. Am liebsten in San Francisco oder in der Schweiz. Aber bevor Missverständnisse entstehen: Natürlich springt seine Heiligkeit nicht von Geschäft zu Geschäft und räumt dabei die Regale leer. Der Dalai Lama bevorzugt die Variante »window shopping«: nicht kaufen, nur schauen.

Nur wenn ihn etwas sehr, sehr reizt, greift Tenzin Gyatso zu. Und dabei fragt er sich immer: Brauche ich das wirklich? Macht mich das glücklich? Sonst begnügt er sich mit der Variante: bewundern, segnen, weitergehen.

In der Schweiz kaufte er jedoch einmal ein Chromarmband für seine Uhr, das er schön und zugleich nützlich findet: »Vor allem im Sommer, wenn es in Dharamsala feucht und schwül ist. Bei einem solchen Wetter sind Lederarmbänder völlig ungeeignet, aber Metall ist ideal.«

Von einer anderen Reise hat er ein Gerät zur Prüfung der Stärke von Batterien mit nach Hause gebracht. Bei seinen Einkäufen zahlt er immer bar – aber er gibt nicht gern zu viel aus. Seine Schmerzgrenze liegt bei tausend US-Dollar. »Da werde ich nachdenklich.«

Wie der Dalai Lama einmal Werbung für Apple macht – und dann doch nicht

Apple wollte sich, kurz nachdem Steve Jobs in das Unternehmen zurückgekehrt war, nach einem Tief in den Neunzigerjahren an die Spitze der Branche kämpfen. Und dafür brauchte es ein neues Image. Der Konzern sollte mit Menschen in Verbindung gebracht werden, die etwas verändert hatten in der Welt: Dafür entwickelte eine amerikanische Werbeagentur die Kampagne mit dem Titel »Think different« (Denk anders). Steve Jobs persönlich machte ein paar Anrufe, um die Rechte an Bildern von einigen Menschen für diese Kampagne zu erhalten.

Das Video der Kampagne besteht aus schwarzweißen Filmaufnahmen großer Persönlichkeiten: von Albert Einstein und Muhammad Ali über Maria Callas und Mahatma Gandhi bis zu John Lennon. »Die, die verrückt genug sind zu glauben, sie könnten etwas an der Welt verändern, sind die, die die Welt verändern«, heißt es in dem Text zu den Aufnahmen.

Dieses Werbevideo begleitet eine Plakatkampagne, für die weitere große Persönlichkeiten angefragt werden und die fünf Jahre lang andauern wird: Auch der Dalai Lama ist auf einem der Plakate zu sehen. Unter den Menschen, die auf dieser Welt anders denken, fühlt er sich erst einmal gut aufgehoben und sagt zu, als er für die Kampagne angefragt wird. Natürlich nimmt der Dalai Lama persönlich kein Honorar dafür an, aber Apple stellt 20.000 Dollar zur Verfügung.

Trotzdem: Der Dalai Lama als Werbefigur, das behagt nicht jedem. In der Exilheimat des Dalai Lama, in Dharamsala, gibt es Diskussionen um das Poster. Seine Heiligkeit versteht die Kritik – er schreibt dem Konzern einen Brief und tritt von der Kampagne zurück. Daraufhin wird das Plakat mit seinem Bild nicht mehr verwendet. Aber natürlich ist es als Bestandteil der legendären Kampagne über eBay und Co. auch heute noch zu bekommen.

Die Lieblingssendung des Dalai Lama

Wie wir schon wissen, informiert sich Tenzin Gyatso, so sein Mönchsname, über Radio und Fernsehen – und zwar am liebsten bei der BBC. Ein Sender, den er für seine Unabhängigkeit schätzt. Aber auch ein Dalai Lama schaltet den Fernseher nicht nur ein, um sich über das Weltgeschehen zu informieren.

Er sieht sich auch mal gerne die eine oder andere Tierdokumentation an. Und um achtzehn Uhr, wenn Seine Heiligkeit den Abendtee trinkt – auf Abendessen verzichtet er nach einem üppigen Frühstück und Mittagessen –, schaltet er den Fernseher noch einmal ein. Denn dann läuft »M*A*S*H«, die Serie, die während des Koreakrieges in einem amerikanischen Feldlazarett spielt. »Aber ich war nur deswegen ein M*A*S*H-Fan, weil die Sendung in Indien immer um 18 Uhr lief!«, sagt der Dalai Lama lachend in einem Interview.

Dass er nicht eitel ist, lässt sich auch an seinen Sehgewohnheiten bei Filmen ablesen: Die Produzenten von »Kundun« von Martin Scorsese, einem Film über die jungen Jahre des Dalai Lama, schickten Seiner Heiligkeit vor der Premiere eine Videokassette zu. Aber der Dalai Lama kam nie dazu, sie anzuschauen.

Erst lange nach der Premiere wurde einmal eine Privatvorführung für ihn in New York arrangiert. Seine Meinung: Der Film würde der Sache Tibets sehr helfen.

Der Dalai Lama in Springfield

Der Dalai Lama ist ein weit gereister Mann. Und wie viele prominente Persönlichkeiten ist er so auch einmal in Springfield gelandet: bei den Simpsons. In Matt Groenings seit 1989 laufender Zeichentrickserie sind schon Tony Blair, Stephen Hawking und Thomas Pynchon aufgetreten, die alle ihre Rollen selbst sprachen, sogar Michael Jackson lieh einmal einer Figur seine Stimme.

Der Dalai Lama hat, wie Fans schon in der dritten Staffel erfahren, Springfield bereits im Jahr 1952 einen Besuch abgestattet – damals wurde eine Schnellstraße nach ihm benannt, zu sehen ist er in dieser Staffel allerdings noch nicht.

Einen tatsächlichen Auftritt hat er dann in der neunzehnten Staffel, darin hält er eine Rede in Springfield. Und Homer soll auf Geheiß von Mr Burns dem Dalai Lama einen Kuchen ins Gesicht werfen (weil, wie er sagt, seine Rotchinesischen Meister von seinem ganzen Geschwätz über Frieden zu Tode genervt sind). Das bringt Homer dann aber nicht über's Herz, weil seine

Tochter Lisa der Rede zuhört – und sie ist selbst Buddhistin.

In der 22. Staffel taucht seine Heiligkeit noch einmal kurz auf. Er spuckt mit den Bewohnern Springfields bei der Beerdigung von Mr Burns (der natürlich nicht wirklich tot ist) in dessen Grab.

Der Dalai Lama spricht seine Rolle aber nicht selbst, wie viele andere Prominente, auch die eingangs genannten. Den Part seiner Heiligkeit hat Hank Azaria, der unter anderem Moe bei den Simpsons seine Stimme leiht, übernommen.

Wie die Katze des Dalai Lama zu einer kleinen Berühmtheit wurde

Der Dalai Lama wird nicht nur von Buddhisten verehrt. Auf der ganzen Welt sehnen sich Menschen nach seinen klaren Botschaften für ein friedliches Miteinander, für ein ausgeglichenes Selbst. Bücher, Kalender, Poster mit seinen Weisheiten verkaufen sich wie von selbst. Der Dalai Lama ist für die westliche Welt eine Art Popstar der Ethik. Und eine solche Berühmtheit hat eben auch komische Nebenaspekte. So ist zum Beispiel nicht mehr nur der Dalai Lama interessant – selbst seine Katze hat es inzwischen schon zu bescheidener Berühmtheit gebracht.

Das ist David Michie zu verdanken, den das Arbeiten in einer Londoner Public-Relations-Agentur so stresste, dass er allergische Hautausschläge davon bekam. Nachdem er verschiedene Ärzte abgeklappert hatte, fand Michie schließlich Hilfe in der Meditation. Und über die Meditation gelangte der Afrikaner schließlich zum tibetischen Buddhismus. Michie, der heute in Australien lebt, vertiefte sich in die Materie. Er begann, Vorträge zu halten und Bücher über den Buddhismus zu schreiben, vorerst Sachbücher. Aber viele Bekannte sagten ihm, sie hätten seine Bücher nicht gelesen – nicht aus Desinteresse, sondern weil sie einfach keine Sachbücher lesen würden. Sie würden lesen, um zu entspannen, und dabei wollen sie gut unterhalten werden. So trägt der Autor die Idee, die Botschaften des Buddhismus in einen Roman zu verpacken, eine Weile mit sich herum. Als er dann davon hört, dass der Dalai Lama eine Katze hat, denkt er sich: »Was für ein tolles Leben diese Katze haben muss.« Wenn sie nur sprechen könnte. Oder gar schreiben ...

»Die Katze des Dalai Lama«, aus der Perspektive der Findelkatze Seiner Heiligkeit erzählt, ist das erste Buch in Michies Reihe. Wie der Dalai Lama sie zwei Straßenjungen in Delhi abkaufte, die sie gerade entsorgen wollten; wie er die Himalayakatze mit Milch aufpäppelte. Wie sie sich fühlt, wenn sie in die weisen Augen ihres neuen Besitzers blickt, und welche Hollywoodschönheiten ihr Fell kraulen. Als stumme Teilhaberin der Audienzen ihres Dosenöffners zieht die »kleine Schneelöwin« ihre Lehren aus den buddhistischen Weisheiten, die der Dalai Lama von sich gibt. Sie versucht sie auf ihr Tierleben zu übertragen und anzuwenden: »Die Bekenntnisse einer Katze auf der Suche nach Erleuchtung« lautet der deutsche Untertitel des Buches. Irgendwo zwischen »albern« und »grandiose Idee« verkauft sich der Roman richtig gut: Menschen lieben Katzen, Menschen lieben den Dalai Lama – wie also könnten sie eine Geschichte über die Katze des Dalai Lama nicht lesen wollen? Die »kleine Schneelöwin«, wie der Dalai Lama seine Katze im Buch zärtlich nennt, gewinnt zahlreiche Fans. Auch der zweite Roman, »Die Katze des Dalai Lama und die Kunst des Schnurrens«, kommt gut an. Genauso wie der dritte: »Die Katze des Dalai Lama und der Zauber des Augenblicks«.

Die Katze des Dalai Lama hat mittlerweile eine eigene Facebook-Seite, »Dalai Lama's Cat«, auf der ihr mehr als 195 000 Leute folgen. Was es da zu sehen gibt? Einen Mix aus süßen Katzenvideos und Updates aus David Michies Blog zum Buddhismus. Und eine Ankündigung eines neuen Buches. Außerdem soll aus der Geschichte ein Film werden: Das Drehbuch ist gerade fertiggestellt worden, wie David Michie auf seinem Blog schreibt. Für ihn hat es sich also in jeder Hinsicht gelohnt, auf die Katze zu kommen.

Wie der Dalai Lama einmal ein kleines Versprechen hält und große Wirkung erzielt

Der Dalai Lama reagiert in Gesprächen spontan, Seine Heiligkeit wird nicht von Medienprofis auf Interviews vorbereitet. So kommt es, dass sich oft auch persönliche Gespräche entwickeln – wie etwa in einem Interview mit einem deutschen Journalisten, der ihn in Dharamsala besucht. Dieser Journalist hat einen behinderten Sohn, der sich nicht bewegen und nicht reden kann und der in Hessen auf eine spezielle Blindenschule geht. Als er erzählt, dass ihm die Weisheiten des spirituellen Oberhauptes der Tibeter oft durch schwere Zeiten geholfen hätten, sagt der Dalai Lama spontan, er werde bei seinem nächsten Besuch in der Gegend auch die Blindenschule besuchen.

Der Journalist denkt sich nicht viel dabei. Aber dann, eines Tages, bekommt er einen Anruf von dem Mitarbeiterstab des Dalai Lama: Seine Heiligkeit werde im Sommer kommen und dabei auch die Schule besuchen. Natürlich versetzt das die Johann-Peter-Schäfer-Schule, die 300 seh- und zum Teil schwerbehinderte Schüler betreut, in den Ausnahmezustand.

An dem Tag im August, es ist der 24. August 2011, finden sich schließlich um die 600 Menschen in der Schule ein: die Delegation Seiner Heiligkeit, Vertreter der Landesregierung, die Kultusministerin und nicht zuletzt siebzig Pressevertreter. Es sind nicht nur lokale und regionale Medien, sondern auch internationale wie die BBC akkreditiert. Vor der Ankunft des Dalai Lama schnüffeln Spürhunde das Gelände nach Sprengstoff ab.

Dann schließlich besichtigt der Dalai Lama die Schule, hält eine kurze Rede auf der eigens für ihn aufgebauten Bühne. Er drückt seine Bewunderung für die Menschen aus, die hier jeden Tag mit den teils schwerbehinderten Kindern arbeiten. Er wisse nicht, ob er selbst das könnte. Und er sagt eine Spende aus seiner Stiftung über 50.000 Euro zu.

Dann mischt er sich unter die Menschen, trifft auch auf die schwerbehinderten Kinder. »Ich bin sehr, sehr traurig und berührt«, sagt der Dalai Lama später zu dem Schulleiter. Die Kinder, die gesünder sind, ermutigt er, sich nicht vom

Leben abhalten zu lassen, nur weil sie nichts sehen. »Ich kann es«, sollten sie sich immer wieder vorsagen.

Mit dem Journalisten, dessentwegen er die Schule besucht hat, führt der Dalai Lama später noch ein Gespräch. Sie reden darüber, dass Buddhisten glauben, dass in einem früheren Leben etwas Schlimmes vorgefallen sein müsse, damit ein Mensch so auf die Welt kommt. Der Journalist berichtet von seinen Erfahrungen mit seinem Sohn; er ist anderer Meinung. Sie reden über Wissenschaft und Medizin. Es wird deutlich, dass die Begegnungen mit den Kindern Seine Heiligkeit sehr berührt haben. Der Dalai Lama ist nachdenklich. Zum Abschied umarmen sich die beiden. Eine Begegnung, von der alle viel mitnehmen.

Wie ein erfundenes Dalai-Lama-Zitat Tausende Menschen erreicht

David Sowka macht auf seinem Blog »Einfach Übel« täglich Witze. Üble Witze, wie der Name schon sagt. Eines Tages erfindet er für einen Blogeintrag ein Dalai-Lama-Zitat. Er schreibt: »Nur wer Angst verspüren kann, kann auch Mut beweisen – Dalai Lama« und setzt das Zitat auf ein Bild Seiner Heiligkeit. Das Bildchen sieht damit aus wie unzählige weitere, die jeden Tag im Netz geteilt werden. Nur ist das Zitat eben frei erfunden. Sowka will damit darauf hinweisen, wie leicht sich ein Zitat fälschen lässt, und weist auch in seinem Blogeintrag darauf hin, dass es sich nicht um ein echtes Zitat des Dalai Lama handelt.

Ein gutes Jahr später googelt er ebenjenes Zitat, um zu sehen, was daraus geworden ist:

Ein Unternehmen hat es in einem Onlinebericht über seinen Teamausflug in den Klettergarten verwendet: »Nur wer Angst verspüren kann, kann auch Mut beweisen.« Das Bild samt Zitat hat es auch auf eine Homepage mit Spruchbildern geschafft. Der Quellenangabe dort folgend, landet David Sowka auf einer Facebook-Seite namens »Erhöhtes Bewusstsein« mit mehr als 120.000 Fans, die das Bild offenbar ohne weitere Prüfung und ohne Kommentar gepostet hatten. Auch ein Motivationstrainer mit über 50.000 Fans hatte das Zitat übernommen, um einen Beitrag über das Überwinden von Ängsten zu bewerben.

»Nur wer Angst verspüren kann, kann auch Mut beweisen.« Das frei erfundene Zitat hat sich mittlerweile im Netz verselbstständigt. Es lässt sich nicht wieder einfangen. Tausende Menschen haben es gelesen und für einen Spruch des Dalai Lama gehalten, einfach nur weil es jemand auf ein nettes Foto seiner Heiligkeit gebastelt hat.

Ein wirkungsvolles Experiment von Sowka, das zeigt, wie schnell ein solches Zitat gefälscht und verbreitet ist. Und dieses ist noch ein harmloses Zitat. Eines, das der Dalai Lama vielleicht so oder so ähnlich auch sagen würde, wer weiß.

Nicht immer aber bleibt es so harmlos. Ein Zitat ist auch schnell gefälscht und verbreitet, um damit für eine Sache zu kämpfen oder Propaganda zu betreiben.

So taucht im Rahmen der Diskussion über Flüchtlinge plötzlich dieses Zitat auf: »Wenn es zu viele Zuwanderer gibt, muss man auch einmal den Mut aufbringen zu sagen, dass es genug ist. – Der Dalai Lama über Masseneinwanderung in Europa«. Ein Zitat, das daraufhin online in vielen Diskussionen über Flüchtlingspolitik geteilt wurde und Gegnern der Zuwanderung wunderbar in die Hände spielt: wenn schon der Dalai Lama das sagt – der Inbegriff des Guten, Ausgeglichenen. Und selbst ein Flüchtling, der in Indien Asyl gewährt bekam.

Gerade dieser Dalai Lama sollte nun also diese Aussage getroffen haben. Das verwundert aber einige Internetnutzer – auch Inhaber kritischer Blogs – so sehr, dass sie etwas recherchieren. Und es stellt sich heraus, dass die zitierte Aussage von einer Pressekonferenz in Italien stammt – aber so nie gemacht wurde, sondern aus dem Zusammenhang gerissen, verfälscht und grob verkürzt wurde. Ein Video der Pressekonferenz ist auf der Videoplattform YouTube zu sehen. Auf die Flüchtlingsproblematik angesprochen, sagt der Dalai Lama, bezogen auf Italien: »(...) Kein Flüchtling kommt hierher, um Urlaub zu machen. Das ist sehr traurig. Aber gleichzeitig muss das Land, wie jetzt Italien, ich denke an Sizilien, an die sehr vielen Flüchtlinge aus Nordafrika dort ... all diese Flüchtlinge aus Syrien. Sie sind mit der Gefahr für Leib und Leben konfrontiert. So. Und gleichzeitig ist es für den Gastgeber schwierig, das zu schultern. Es ist eine schwierige Situation. Ich denke, helft ihnen, so viel ihr könnt. Und wenn ihr an Grenzen stoßen solltet: Sagt es ihnen einfach. Wir können das nicht schultern (lacht). Also, im Großen und Ganzen müssen wir uns mehr auf ihre Herkunftsländer konzentrieren (...)« Der Dalai Lama redet dann noch weiter über die Schere zwischen Reich und Arm auf der Welt; darüber, dass es größere Bestrebungen geben sollte, um diese Lücke zu verkleinern.

Das Zitat bietet nun nicht gerade die ultimative Lösung zur Flüchtlingsproblematik – wie auch? Es ist aber mitnichten mit der Kernaussage »Wenn es zu viele Zuwanderer gibt, muss man auch einmal den Mut aufbringen zu sagen, dass es genug ist« zusammenzufassen. Dies zum Ausdruck zu bringen war ganz offensichtlich nicht die Absicht dieses spontanen Statements; eher noch ist es ein Appell an die reicheren Länder, sich mehr zu engagieren.

Statt ein verfälschtes Zitat auszukoppeln, ließe sich zum Beispiel das Originalzitat: »Help them as much as you can« (Helft ihnen, so viel ihr könnt), hernehmen und damit ein Zitatbildchen für die Befürworter einer liberalen Flüchtlingspolitik basteln.

Der Dalai Lama und sein Freund aus Hollywood

Dharamsala, der Ort in Indien, an dem Seine Heiligkeit inmitten einer tibetischen Exilgemeinde lebt, wird auch »Little Lhasa« genannt – nach der tibetischen Hauptstadt. Einer, der dort ein Haus hat, ist aber keineswegs ein Flüchtling aus Tibet: Es ist Richard Gere. Der prominenteste Freund des Dalai Lama und der prominenteste Fürsprecher Tibets.

Schon früh hat sich Richard Gere für den Buddhismus interessiert, den er auch selbst praktiziert. Ende der Achtzigerjahre gründete Gere das Tibet-Haus in New York. Und er ist Mitbegründer und Vorsitzender der »International Campaign for Tibet«, einer Interessensgemeinschaft, die sich für Menschenrechte und den Schutz von Kultur und Umwelt in Tibet einsetzt. Der Dalai Lama hatte den Prominenten vor Jahrzehnten um Hilfe für sein Volk gebeten. Denn die bekannten Gesichter, mit denen er sich umgibt, sind für ihn auch ein wichtiges Mittel, um den Kampf um Tibet im Bewusstsein der Menschen zu halten. Ihr Engagement ist Hilfe für sein Volk – allein schon ein Treffen mit einer wichtigen Persönlichkeit bringt ihm die Aufmerksamkeit der Medien, mit deren Hilfe er Menschen auf der ganzen Welt für sich gewinnt.

»Wir haben viele Ebenen von Beziehungen«, sagt Richard Gere über seine Freundschaft zum Dalai Lama, »als Schüler und Lehrer – und da muss ich mich auch als Schüler benehmen –, aber auch als gemeinsame Streiter für Tibet. Und als Freunde.«

Erst vor Kurzem hat der Dalai Lama unter anderem Richard Gere dazu auserkoren, an seiner Stelle einen Preis für ihn entgegenzunehmen, weil Seine Heiligkeit zum Zeitpunkt der Verleihung erkrankt war. »Er hat ein paar Probleme eines 80-jährigen Mannes«, beruhigt Richard Gere das Publikum, »es ist keine große Sache. Er hat mir versichert, dass er bis mindestens 90 über die Maßen aktiv sein wird.« Die Auszeichnung, die Richard Gere für ihn entgegennimmt, ist die »Liberty Medal«: eine Medaille, die in den USA jährlich an eine Person verliehen wird, die für die Freiheit anderer kämpft.

Als sich ein Dalai Lama einmal auf Twitter anmeldet, damit alle an der Nase herumführt und sich der eigentliche Dalai Lama daraufhin auf Twitter anmeldet

»OHHDL« – »Office His Holiness Dalai Lama«. So heißt der neue Twitter-Nutzer. Und er verweist in den Angaben über sich selbst auf die Website des Dalai Lama, dalailama.com. Ein sehr offizieller Look, der wenig Zweifel daran lässt, dass hier tatsächlich das Büro Seiner Heiligkeit twittert. Auch wenn sich natürlich jeder einen Account mit dem Namen Dalai Lama anlegen könnte, sofern der noch nicht vergeben ist.

In dem Kurznachrichten-Netzwerk, das viele Prominente und Politiker nutzen, um direkt ihre Statements an die Allgemeinheit abzugeben, verbreitete sich die Kunde des neuen heiligen Mitglieds schnell. Auch zahlreiche Blogs verkündeten die Nachricht. Der »Dalai Lama« hatte schnell mehr als 16.000 Fans auf Twitter.

Doch dann eben nicht mehr. Twitter entfernt den Nutzer aus dem Netzwerk. Denn das Büro des Dalai Lama in Dharamsala hatte sich bei Twitter gemeldet und darum gegeben, dass der gefälschte Account mit dem offiziellen Anstrich aus dem Netz genommen wird.

Twitter führt daraufhin eine Neuerung ein: den verifizierten Account. Wenn feststeht, dass ein wichtiger Mensch selbst von seinem Account twittert, bekommt er seitdem ein blaues Häkchen hinter seinem Namen.

Und: Das Büro des Dalai Lama legt sich einen eigenen Twitter-Account zu, und zwar einen verifizierten. Der Dalai Lama hatte Evan Williams, einen Mitbegründer von Twitter, in Kalifornien kennengelernt. »Habe heute den Dalai Lama in L.A. getroffen. Ihm vorgeschlagen, Twitter zu benutzen. Er hat gelacht«, twittert Williams danach. Aber was passiert einen Tag später? Der offizielle Twitter-Account Seiner Heiligkeit geht online.

Natürlich wird das Treffen nicht der direkte Auslöser gewesen sein: Zum einen setzt Tenzin Gyatso seine Tweets nicht selbst ab. Das erledigt ein Medienteam in Dharamsala für ihn.

Und dieses Team hat vermutlich nicht innerhalb dieser paar Stunden mit dem Dalai Lama kommuniziert und derweil von jetzt auf gleich den Account erstellt, nur weil ihm ein kalifornischer Tecchie dazu geraten hat.

Seit 2005 hat der Dalai Lama seine eigene Homepage, die die Menschen in unserer schnelllebigen Zeit aber nicht andauernd besuchen können. Und so hat das Medienteam in Dharamsala erkannt, dass die Botschaften des Dalai Lama auch über die sozialen Netzwerke verbreitet werden sollten. Tenzin Choejor, Leiter des Teams und offizieller Fotograf des Dalai Lama, sagt: »Der gefälschte Twitter-Account hat uns gezeigt, dass wir es machen müssen, sonst würde es jemand anderes tun.«

Einen Monat nach Twitter nimmt das Team Facebook in Angriff, dann YouTube. Mittlerweile hat der Dalai Lama sogar einen Google+-Account.

Choejor und sein Team versuchen, in den sozialen Medien eine Strategie zu verfolgen, die dem Dalai Lama gerecht wird. Mit Zitaten, mit Ankündigungen von Auftritten; mit Bildern und kleinen Videos. Die Reichweite ergibt sich dabei von selbst. »Wir vergleichen uns nicht mit anderen«, sagt er. Zwölf Millionen Follower auf Twitter sind eine Menge. Eine Popdiva wie Lady Gaga hat dort aber 54 Millionen. Barack Obamas offizieller Account hat 68 Millionen.

Der Tag aber, an dem Seine Heiligkeit die Onlinepräsenz mit Twitter startet, ist ein besonderer: der 22. Februar 2010. Das siebzigjährige Jubiläum seiner Inthronisierung in Lhasa.

Dort sind manchmal aktuelle Nachrichten zu lesen, zum Beispiel: »Zu Ehren des 80. Geburtstags des Dalai Lama werden seine Freunde und Anhänger im Januar in New Delhi feiern«, mit dem entsprechenden Link dazu; meist aber sind es klassische Aussprüche Seiner Heiligkeit: »Wenn du dein Leben ehrlich und wahrheitsgemäß lebst, wirst du offen und transparent sein, was Vertrauen bringt. Und Vertrauen führt zu Freundschaft« oder »Wenn du anderen hilfst, mach es aus Respekt. Sieh nicht auf die anderen herab. Sei anderen Menschen mitfühlend dienlich.« Solch ein Post erhält schon mal mehrere tausend Likes.

»Der Dalai Lama lässt uns unser Ding machen«, sagt ein Mitglied des Social-Media-Teams, »und wir arbeiten hart daran, im Netz seine Stimme wiederzugeben.«

Seine Tweets verfasst der Dalai Lama nicht selbst. Auch E-Mails lässt er von seinem Büro aus verschicken. Er trägt kein iPad mit sich herum, er benutzt keine Computer. Ab und an erzählt ihm sein Team, wie viele Fans er im Internet hat. Trotzdem sind ihm die Netzwerke wichtig: Er hat auf Twitter sogar schon Audienzen für Tibeter und Chinesen gegeben. Sie konnten ihm eine gewisse Zeit lang live Fragen stellen. Er sieht darin eine Chance, nämlich »eine große Familie zu erschaffen, die es Tibetern und Chinesen ermöglicht, auf freundliche Art und Weise nebeneinander zu existieren«.

Den Dalai-Lama-Accounts folgen Millionen Menschen – für Tenzin Gyatso sind die sozialen Medien heute ein wichtiger Weg, um seine Botschaft so weit wie möglich zu verbreiten.

Als der Dalai Lama einmal eine PowerPoint-Präsentation segnet

Als die Filme »Sieben Jahre in Tibet« mit Brad Pitt und »Kundun« von Martin Scorsese herauskommen, will der Stab des Dalai Lama die öffentliche Wirkung nutzen. Einer seiner Berater stellt also eine PowerPoint-Präsentation mit dem Namen »Tibet 2000« zusammen: Darin sind Vorschläge für eine neue Kampagne enthalten, etwa Konferenzen abzuhalten und die Unterstützung von Prominenten mehr zu nutzen. Punkte eben, um die Diskussion der Tibetfrage in der Öffentlichkeit aufrechtzuerhalten.

Dem Stab gefällt die Präsentation, also geht er mit dem Berater zu Seiner Heiligkeit, um sie ihm zu zeigen. »Er blätterte vielleicht 30 Sekunden lang durch die Seiten«, sagt der Berater. Dann bittet das Team den Dalai Lama um seinen Segen, damit es die Präsentation auch umsetzen kann.

Was macht der Dalai Lama? Er legt seine Hand auf die erste Seite der PowerPoint-Präsentation und segnet sie.

Die Kampagne funktioniert so gut, dass die *New York Times* wenig später über »Die starke Lobby Tibets« schreibt. »Es passierte so viel, auf einmal waren da Konzerte, Richard Gere, alles kam zusammen«, sagt der Berater. Obwohl für die Kampagne kaum Geld zur Verfügung steht und sie von nur wenigen Leuten getragen wird. »Ich schätze mal, das Segnen hat funktioniert.«

Warum der Dalai Lama einmal zu spät zu einer Lesung kommt

Auch ein Geistlicher kann einmal ganz weltlich zu spät kommen. Ein so beschäftigter Geistlicher wie der Dalai Lama, der viele Termine an einem Tag zu bewältigen hat, erst recht. Da kann durchaus einmal der Flieger oder der Zug Verspätung haben, oder eine Pressekonferenz dauert länger als geplant.

Ein sehr weltliches Missgeschick hält den Dalai Lama einmal davon ab, rechtzeitig im Congress Centrum Hamburg anzukommen, wo schon 5000 Zuschauer auf ihn warten – er entschuldigt sich.

Was war passiert? Der Dalai Lama hatte zuvor die Ausstellung »Tibet – Nomaden in Not« im Museum für Völkerkunde besucht. Als »ein Zeichen der Hoffnung« bezeichnet er die Ausstellung dort, die das Leben der Nomaden in der Himalajaregion mit Bildern und Alltagsgegenständen der Tibeter veranschaulicht.

Nach seinem Besuch steigt der Dalai Lama in den Aufzug des Völkerkundemuseums. Und der bleibt einfach stecken! Ob der Aufzug vor lauter Ehrfurcht angesichts seines prominenten Fahrgastes innehält oder aus technischen Gründen den Dienst verweigert, ist nicht überliefert. Jedenfalls hält er den Dalai Lama einige Minuten lang fest, bis der Friedensnobelpreisträger ein Stockwerk höher aussteigen kann und über die Außentreppe des Völkerkundemuseums in den Innenhof gelangt. Natürlich ist der Dalai Lama nicht sauer. Er scherzt mit den Museumsangestellten.

Als einmal das Bild eines verprügelten Dalai Lama um die Welt geht

Sein Gesicht ist blau geschwollen. Blut läuft aus seiner Nase. Die Lippen sind aufgeplatzt, die Brille zersprungen. Ein erschreckendes Bild des Dalai Lama und dazu dieses Zitat: »Ein Mann, der mit 50 keine Rolex besitzt, hat sein Leben vertan.« Ähnliche Bilder gibt es von Karl Lagerfeld, der Flip-Flops und Hawaiihemden für den Gipfel der Eleganz hält, und von Iggy Pop, der Justin Bieber zur Zukunft des Rock 'n' Roll erklärt.

Was ist da passiert? Es handelt sich natürlich um eine Fotomontage. Für einen guten Zweck sogar – es geht um eine Kampagne des belgischen Ablegers von amnesty international. Mit der Plakataktion gegen Folter wollen die Macher zeigen, dass unter Folter jeder alles aussagt. Die Kampagne verfehlt ihre Wirkung nicht – die schockierenden Bilder werden im Netz Tausende Male geteilt. Viel Aufmerksamkeit für eine gute Sache. Das Ganze hat nur einen kleinen Haken: Niemand hatte die gezeigten Prominenten vorher gefragt, ob ihre Bilder verwendet werden dürfen.

Amnesty entschuldigt sich bei Iggy Pop und gibt eine Erklärung ab, in der die Organisation bekräftigt, das Zitat sei für die Kampagne frei erfunden worden. Die Organisation trifft sich auch mit Vertretern von Tenzin Gyatso. Das Bild des Dalai Lama wird später aus der Kampagne entfernt, weil sich einige daran gestoßen hatten, dass das religiöse Oberhaupt verprügelt dargestellt wird.

Wie der Dalai Lama einmal mit der Presse in Niedersachsen aneinandergerät

2013 besucht der Dalai Lama einmal Niedersachsen und wie so oft ist das Interesse an seinem Besuch riesig. Unzählige Medien wollen berichten, akkreditieren sich für seine Veranstaltungen und Pressekonferenzen. Dann aber heißt es vonseiten der Veranstalter: Das fertige Material – also die Fotos und Videoaufnahmen – muss ihnen vor einer Veröffentlichung vorgelegt werden. Vor und nach den Veranstaltungen dürften keine Ton- und Bildaufnahmen gemacht werden, bei Zuwiderhandlung könne das Aufnahmegerät konfisziert werden. Sie wollen damit verhindern, dass unpassendes Material verbreitet wird, sollte dem Dalai Lama ein Missgeschick passieren, erklären die Veranstalter.

Der Deutsche Journalistenverband ist empört: »Wenn der Veranstalter nicht einlenkt, ist der Boykott der Berichterstattung die einzig richtige Reaktion«, sagt der damalige Verbandschef Michael Konken. Eine solche Zensur der

Presse sei nicht hinnehmbar. Überhaupt verwundert das. Der Dalai Lama, der für Werte wie Freiheit und Demokratie steht, der immer spontan auf Interviewfragen antwortet und dabei nie um einen Scherz verlegen ist, soll also Fotos und Videos zensieren wollen?

Nein. Als er von dem Aufruhr erfährt, schaltet sich der Gesandte des Dalai Lama aus der Schweiz ein, der den Besuch Seiner Heiligkeit in Hannover verantwortete: Zensur und Einschränkung der Pressefreiheit liefen der Einstellung des Dalai Lama zuwider, da diesem ein offener Umgang mit der Presse und der Öffentlichkeit wichtig sei, lässt Tseten Samdup Chhoekyapa verlauten. Er bedaure es, »dass es Unannehmlichkeiten mit lokalen Maßnahmen in Bezug zur Presseakkreditierung gegeben hat«. Der Dalai Lama distanziere sich von dieser Vorgehensweise.

Für eine »faire Berichterstattung« hatten sie sorgen wollen, sagen die Veranstalter hinterher. Dem Dalai Lama aber ist ein gutes Verhältnis zu den Medien wichtig. Er ist die Gallionsfigur des Kampfes für die Autonomie seines Landes, und die Aufmerksamkeit der Presse ist dabei eines seiner wichtigsten Werkzeuge.

Als der Dalai Lama einmal in China aus dem App Store verbannt wird

Der Fortschritt macht auch vor der Spiritualität nicht halt und so gibt es mittlerweile zahlreiche Apps rund um den Friedensnobelpreisträger herunterzuladen: Manche davon schicken täglich einen Dalai-Lama-Spruch aufs Handy, manche buddhistische Bilder, manche beides; manche sind gratis, manche kosten etwas.

2009 aber vermelden einige Newsseiten: Offenbar hat Apple sich freiwillig zensiert und bietet diese Apps nicht mehr im chinesischen App Store an. »Nicht alle Apps sind in jedem Land verfügbar«, sagt ein Apple-Sprecher auf Anfrage des Magazins *PC World*. Auch nicht verfügbar ist eine App über Nobelpreisträger, in der natürlich auch der Dalai Lama vorkommt. Eine App, hinter der sich eine tibetische Gebetsmühle verbirgt, ist auch weg. Wer in China »Dalai« in die Suchleiste seines App Stores oder bei iTunes eintippt, erhält keine Ergebnisse.

»Ich wusste gar nicht, dass die App dort aus dem Store genommen worden ist«, sagt einer der App-Entwickler. »Aber auch wenn ich natürlich finde, dass es Zensur ist, kann ich verstehen, warum sie das getan haben.« Für China ist und bleibt der Dalai Lama ein gefährlicher Spalter.

Wie der Dalai Lama einmal sagt, Sex sei der Sinn des Lebens

Der Dalai Lama ist ein gefragter Redner in der westlichen Welt. Und er ist ein guter Redner, einer, der es versteht, die Aufmerksamkeit der Menschen ganz auf sich zu ziehen. Einmal ist er an der Princeton-Universität eingeladen, um einen Vortrag zu halten. Ein Student stellt ihm die Frage: »Was ist das Geheimnis des Glücks?«

Der Dalai Lama legt eine bedeutungsschwangere Pause ein. »Geld!«, ruft er dann in den Raum, blickt von einem zum anderen. »Sex!«, ruft er dann. Und: »Nachtklubs!«

Bei den Studenten führt das natürlich zu stürmischem Beifall. Selbstverständlich bleibt es nicht bei dieser Botschaft – wie die Studenten schon geahnt haben –, und der Dalai Lama versucht, die philosophische Frage auf seine Art zu beantworten: dass wir in sinnlichen Reizen wie Shopping, Essen oder Musik Befriedigung und Freude finden können. Dass diese Freuden aber von kurzer Dauer sind. Und dass es unzufrieden macht, auf Dauer immer nur auf diese kurzlebigen Befriedigungen aus zu sein.

Dann erzählt er eine Anekdote, wie er einmal zu Gast bei einer sehr reichen Familie war. Und dass er dort, als er das Badezimmer benutzen musste, neugierig einen Blick in deren offen stehendes Apothekerschränkchen warf. Er schämte sich dafür, war aber auch erstaunt von dem Anblick: Lauter Schmerz- und Beruhigungsmittel waren darin aufgereiht.

Geld sei notwendig und nützlich, sagt der Dalai Lama den Studenten. »Aber immer noch mehr Geld bringt kein Glück.« Echte Zufriedenheit brauche eine tragfähigere Basis. Das untermauert er in seinem Vortrag an der Universität auch mit wissenschaftlichen Studien. Er führt den Gedanken weiter aus, beleuchtet die Frage aus verschiedenen Blickwinkeln, spricht über Glück für den Einzelnen, für die Gesellschaft. Die Aufmerksamkeit seiner Studenten hat er dank seines Eingangswitzes auf seiner Seite. Zu dem Schluss, dass Sex oder Nachtklubs das Glück des Lebens sind, kommt er natürlich trotzdem nicht.

Auch wenn er, als er am Rande einer anderen Veranstaltung gefragt wird, was er denn am meisten in seinem Leben bereue, antwortet: »Nicht geheiratet zu haben!«

Wie der Dalai Lama Empathie im Kleinen zeigt

Der Autor Daniel Goleman, der ein Buch über Seine Heiligkeit geschrieben hat, wurde einmal Zeuge einer Szene, die ihm im Gedächtnis bleibt: Der Dalai Lama unterhält sich mit einer Gruppe von Wissenschaftlern, die er zu einer einwöchigen Gesprächsrunde eingeladen hat.

Dabei gerät dem Dalai Lama ein Tier ins Auge, ein kleiner Käfer. Statt ihn achtlos wegzublinzeln und zu reiben, schafft Tenzin Gyatso es, das Insekt lebend wieder aus seinem Auge zu bekommen. Und um die Gesprächsrunde nicht zu unterbrechen, winkt er einen Mönch herbei und übergibt ihm den Käfer. Mit dem Auftrag, ihn im Garten auszusetzen.

Selbst das Leben eines so kleinen Wesens ist es wert, gerettet zu werden, wenn es möglich ist.

Ein andermal ist der Autor mit seiner Frau beim Dalai Lama zum Tee eingeladen. Es war der Tag vor der Bekanntgabe des Nobelpreisträgers, der dieses Mal Seine Heiligkeit werden würde. Ein

Tablett mit frischem Gebäck und Kuchen wird hereingebracht und auf den Tisch gestellt.

Der Obstkuchen sieht gut aus, und Tenzin Gyatso schaut ihn an, als wolle er das Stück mit den Augen verschlingen. Wie ein bewundernswertes Kunstwerk. Aber statt danach zu greifen, zeigt er darauf und sagt zu Golemans Frau: »Das hier, das würde ich Ihnen empfehlen.«

Denn manchmal kann es noch schöner sein, einem anderen eine Freude zu machen, als selbst zu genießen. Wobei Selbstlosigkeit auch nicht immer glücklich macht: Manchmal, sagte der Dalai Lama in einem Interview, lasse er sich von einer Mücke stechen und sie Blut saugen. »Ein Wohlgefühl stellt sich nachher allerdings nicht ein.«

Wie die Schwester Seiner Heiligkeit ihren Bruder beschreibt

Tenzin Gyatsos Mutter hat sechzehn Kinder auf die Welt gebracht, von denen neun früh starben. Eine seiner Schwestern kommt auf die Welt, als ihr berühmter Bruder gerade fünf Jahre alt und schon inthronisiert ist. Der Dalai Lama tauft sein Schwesterchen auf den Namen Jetsun Pema.

Die kleine Pema kommt kurz vor ihrem 10. Geburtstag in ein Internat in Nordindien, dort, wohin viele Tibeter im Zuge der chinesischen Belagerung flüchten. Später erhält sie eine Ausbildung in Europa.

Sie kehrt dann nach Tibet zurück und arbeitet im Kinderhilfswerk »Tibetan Children's Village«. Später wird sie dessen Präsidentin, dann Bildungsministerin der tibetischen Exilregierung.

Für ihren heiligen Bruder hat sie allerdings keine Kosenamen, sie spricht ihn nicht einmal mit Namen an: »Ich nenne ihn Kundun, wie alle Tibeter. Das bedeutet ›Die Präsenz‹. Oder Yeshe

Norbu, wunscherfüllendes Juwel«, sagt sie in einem Interview mit der *Welt*.

Heute sieht sie ihn häufiger als in ihrer Kindheit. Sie besucht ihren Bruder etwa alle zwei Wochen, wenn sie in Dharamsala ist und er auch. Als Mädchen hat sie ihn nur alle zwei Monate gesehen, wenn die Mutter mit ihren Kindern zu Besuch in den Palast kam. Diese Besuche ähneln einem Empfang, der kleine Dalai Lama ist reserviert, hat immer Diener um sich. Eine enge, geschwisterliche Bindung entsteht da nicht. »Ich habe große Achtung vor ihm. Er ist mein Lehrer, mein Guru. Nicht mein Bruder«, sagt Pema.

Sehr beeindruckt war das kleine Mädchen von dem Gehabe um ihren Bruder trotzdem nicht, da auch die anderen Geschwister sehr privilegiert aufgewachsen sind. »Wir hatten ein schönes Haus, Diener und Besitzungen im ganzen Land.«

Sie bewundert an ihm seine Weisheit, seinen Humor und wie er die Dinge vereinfacht: »Wenn ich meine Sorgen mit ihm bespreche, denke ich nachher immer, wieso habe ich das vorher nicht schon so einfach gesehen?« Außerdem ist er in ihren Augen ein sehr guter Zuhörer. »Wenn er einen neuen Flüchtling empfängt, lässt er ihn einfach reden. [...] Wenn er wieder geht, hat er alles Schreckliche hinter sich gelassen.« Dabei begegnet der Dalai Lama Flüchtlingen ganz genauso wie Politikern.

Außerdem fasziniert sie seine Aktivität: »Manchmal mache ich einen Tag lang sein Programm mit. Danach bin ich immer völlig gerädert und er noch ganz frisch.«

Warum der Dalai Lama nicht missionieren möchte

Der Dalai Lama ist es gewohnt, dass ihm auf Veranstaltungen die wildesten Fragen gestellt werden. Absurde, tiefgründe, philosophische und solche, auf die nun wirklich niemand eine Antwort hat. Er ist es gewohnt, dass die Menschen im Westen alles hinterfragen und auf alles eine Antwort haben wollen, »am besten das eine Mittel, das man aus dem Hut zaubern kann und das all unsere Probleme löst. Nur: Das gibt es nicht.«

Eine Frage, die ihm oft gestellt wird, ist die, ob nicht besser jeder Buddhist sein sollte. Und man sollte meinen, der Dalai Lama wünsche sich, dass sich seine Religion auf der ganzen Welt ausbreitet. Seine Antwort darauf ist aber eine andere: »Ich würde von einem Wechsel der Religion abraten, der ist für die meisten viel zu schwierig.« Bei einer Veranstaltung in Hamburg sagt er: »Bleibt doch in der Tradition eures Landes verhaftet. Zu euch Deutschen passt das Christentum, zu uns Tibetern der Buddhismus. Religion muss man ernst nehmen, die kann man nicht wie eine Mode wechseln.«

Eine Religion, eine Wahrheit für alle Erdenbürger, das werde es nie geben. Eine Utopie. »Deshalb muss man andere Wege finden, wie wir friedlich zusammenleben können.«

Quellennachweis

Als der Dalai Lama einmal heimlich Würstchen isst und sein Koch dafür Ärger bekommt

Seine Heiligkeit der XIV. Dalai Lama: Das Buch der Freiheit, Bastei Lübbe, 1990

Als der Dalai Lama seinen Lehrern einmal zu faul ist

Seine Heiligkeit der XIV. Dalai Lama: Das Buch der Freiheit, Bastei Lübbe, 1990

Als der Dalai Lama einmal vergeblich Freundschaft mit einem Papageien schließen will und auf die Katze kommt

Seine Heiligkeit der XIV. Dalai Lama: Das Buch der Freiheit, Bastei Lübbe, 1990

Als der Dalai Lama seinen ersten Gopse kennenlernt

Seine Heiligkeit der XIV. Dalai Lama: Das Buch der Freiheit, Bastei Lübbe, 1990

Als der Dalai Lama einmal eine heimliche Spritztour mit dem Auto unternimmt

Seine Heiligkeit der XIV. Dalai Lama: Das Buch der Freiheit, Bastei Lübbe, 1990

Als der Dalai Lama einmal Vegetarier wird, es aber nicht bleibt

Seine Heiligkeit der XIV. Dalai Lama: Das Buch der Freiheit, Bastei Lübbe, 1990

Als der Dalai Lama Zweifler mit einem Gebiss überzeugt

Mayank Chhaya: »Dalai Lama. Mönch, Mystiker, Mensch«, Allegria Verlag, 2007

Wie der Dalai Lama sich nicht an Bescheidenheit zu gewöhnen braucht und seinen Anhängern näherkommt

Mayank Chhaya: »Dalai Lama. Mönch, Mystiker, Mensch«, Allegria Verlag, 2007

Wenn der Dalai Lama nicht der Dalai Lama geworden wäre …

Mayank Chhaya: »Dalai Lama. Mönch, Mystiker, Mensch«, Allegria Verlag, 2007; Daniel Goleman: »Die Macht des Guten. Der Dalai Lama und seine Vision für die Menschheit«, O.W. Barth Verlag, 2015; *http://www.welt.de/politik/article1981832/ Ihr-im-Westen-lacht-nicht-genug.html*

Warum der Dalai Lama immer seine weinrote Robe trägt

Mayank Chhaya: »Dalai Lama. Mönch, Mystiker, Mensch«, Allegria Verlag, 2007; *http://www.focus.de/kultur/leben/ modernes-leben-auch-goetter-fliegen-lufthansa_aid_172108.html*

Wie der Dalai Lama mit dem Zölibat umgeht

Mayank Chhaya: »Dalai Lama. Mönch, Mystiker, Mensch«, Allegria Verlag, 2007

Warum der Dalai Lama der Letzte seiner Art sein könnte

Mayank Chhaya: »Dalai Lama. Mönch, Mystiker, Mensch«, Allegria Verlag, 2007; *http://www.welt.de/politik/deutschland/ article13568987/Warum-der-Dalai-Lama-alle-fuer-sich-einnimmt .html; https://www.tagesschau.de/ausland/dalailama-105.html*

Als der Dalai Lama einmal einen Fotografen um sein Nickerchen beneidet

Daniel Goleman: »Die Macht des Guten. Der Dalai Lama und seine Vision für die Menschheit«, O.W. Barth Verlag, 2015

Wie der Dalai Lama einmal einen Iren mit Kriegsverletzung zu seinem persönlichen Helden kürt

Daniel Goleman: »Die Macht des Guten. Der Dalai Lama und seine Vision für die Menschheit«, O.W. Barth Verlag, 2015; *http://www.welt.de/politik/article1981832/Ihr-im-Westen-lacht-nicht-genug.html*

Warum der Dalai Lama den Buddhismus als Wissenschaft behandelt

Daniel Goleman: »Die Macht des Guten. Der Dalai Lama und seine Vision für die Menschheit«, O.W. Barth Verlag, 2015

Was den Dalai Lama und Papst Franziskus verbindet

Daniel Goleman: »Die Macht des Guten. Der Dalai Lama und seine Vision für die Menschheit«, O.W. Barth Verlag, 2015

Was der Dalai Lama sagen würde, wenn er nur einen Moment lang reden könnte

http://de.storyclash.com/Der-Dalai-Lama-beweist-grandios-ehrlichen-Humor-5089118

Warum der Dalai Lama so gern Lufthansa fliegt

http://www.focus.de/kultur/leben/modernes-leben-auch-goetter-fliegen-lufthansa_aid_172108.html

Was den Dalai Lama an teuren Hotels stört

http://www.focus.de/kultur/leben/modernes-leben-auch-goetter-fliegen-lufthansa_aid_172108.html

Auch ein Dalai Lama geht shoppen

http://www.focus.de/kultur/leben/modernes-leben-auch-goetter-fliegen-lufthansa_aid_172108.html

Wie der Dalai Lama einmal Werbung für Apple macht – und dann doch nicht

http://www.focus.de/kultur/leben/modernes-leben-auch-goetter-fliegen-lufthansa_aid_172108.html, http://images.google.de/imgres?imgurl=http://creativecriminals.com/pictures/hq/2325/dalailama.jpg&imgrefurl=http://creativecriminals.com/apple/think-different&h=928&w=640&tbnid=vpRdEZjKxJ6-0M:&tbnh=90&tbnw=62&docid=1newNFAceaBO_M&usg=__nXfEC-jF6-Z3CMac7aTAVFcrKiGw=&sa=X&ved=0ahUKEwi5z-CT1ov-KAhWGjA8KHYZDAcUQ9QEIJjAC

Die Lieblingssendung des Dalai Lama

http://www.focus.de/kultur/leben/modernes-leben-auch-goetter-fliegen-lufthansa_aid_172108.html

Der Dalai Lama in Springfield

http://simpsons.wikia.com/wiki/Dalai_Lama; https://simpsons-wiki.com/wiki/Dalai_Lama

Wie die Katze des Dalai Lama zu einer kleinen Berühmtheit wurde

http://davidmichie.com/blog/category/thedalailamascatseries/

Wie der Dalai Lama einmal ein kleines Versprechen hält und große Wirkung erzielt

*http://www.welt.de/politik/deutschland/article13568987/
Warum-der-Dalai-Lama-alle-fuer-sich-einnimmt.html,
http://www.blindenschule-friedberg.de/index.php/menu-
aktuell-presse/ereignisse/68-besuchdalailama*

Wie ein erfundenes Dalai-Lama-Zitat Tausende Menschen erreicht

*https://medium.com/deutsch/wie-ich-einmal-ein-dalai-lama-
zitat-erfunden-habe-898b8057512d#.cqv2yvb8o; http://www.
einfach-uebel.com; https://www.fischundfleisch.com/derblaue-
elefant/propaganda-gegen-fluechtlinge-mit-hilfe-des-dalai-
lamas-9170; http://www.mimikama.at/allgemein/der-dalai-
lama-ber-die-masseneinwanderung-in-europa/; https://www.
youtube.com/watch?v=t19Ti5LCt2o*

Der Dalai Lama und sein Freund aus Hollywood

*http://www.bizjournals.com/philadelphia/morning_
roundup/2015/10/richard-gere-liberty-medal-dalai-lama-
constitution.html; http://www.sueddeutsche.de/kultur/
richard-gere-im-interview-bitte-vergessen-sie-dass-ich-
schauspieler-bin-1.418428*

Als sich ein Dalai Lama einmal auf Twitter anmeldet, damit alle an der Nase herumführt und sich der eigentliche Dalai Lama daraufhin auf Twitter anmeldet

*http://mashable.com/2010/02/22/dalai-lama-twitter/#9sd-
Zc7obpPq3; http://mashable.com/2009/02/09/should-twit-
ter-verify-celebrity-accounts/#fLoFeudrZsq0; http://www.
thedailybeast.com/articles/2012/08/06/dalai-lama-twitter-
rockstar-the-virtual-influence-of-his-holiness.html; https://
twitter.com/dalailama; https://www.facebook.com/DalaiLama*

Als der Dalai Lama einmal eine PowerPoint-Präsentation segnet

http://www.thedailybeast.com/articles/2012/08/06/dalai-lama-twitter-rockstar-the-virtual-influence-of-his-holiness.html

Warum der Dalai Lama einmal zu spät zu einer Lesung kommt

http://www.faz.net/agenturmeldungen/dpa/dalai-lama-steckte-im-aufzug-fest-13115912.html, http://www.focus.de/politik/deutschland/besuch-in-hamburg-dalai-lama-steckt-im-aufzug-des-voelkerkundemuseums-fest_id_4083674.html

Als einmal das Bild eines verprügelten Dalai Lama um die Welt geht

http://www.focus.de/panorama/videos/blutig-geschlagen-amnesty-zeigt-schockierendes-pruegel-foto-vom-dalai-lama_id_3931731.html; http://www.stern.de/lifestyle/leute/anti-folter-kampagne-amnesty-benutzt-iggy-pop-ohne-zu-fragen-3193928.html; http://www.theguardian.com/music/2014/jun/25/amnesty-apologises-iggy-pop-unauthorised-torture-advert

Wie der Dalai Lama einmal mit der Presse in Niedersachsen aneinandergerät

http://www.welt.de/politik/deutschland/article120134207/Dalai-Lama-distanziert-sich-von-Presse-Zensur.html; http://www.djv.de/startseite/service/news-kalender/detail/aktuelles/article/djv-raet-zum-boykott.html?cHash=af4c87887905c-367387899c3faba96be&type=500

Als der Dalai Lama einmal in China aus dem App Store verbannt wird

http://www.pcworld.com/article/185604/article.html; http://www.spiegel.de/netzwelt/web/netzwelt-ticker-apple-wirft-dalai-lama-aus-dem-app-store-a-669563.html

Wie der Dalai Lama einmal sagt, Sex sei der Sinn des Lebens

Daniel Goleman: »Die Macht des Guten. Der Dalai Lama und seine Vision für die Menschheit«, O.W. Barth Verlag, 2015; *http://www.mz-web.de/panorama/75--geburtstag-dalai-lama-bereut--nicht-geheiratet-zu-haben-,20642226,17562526.html*

Wie der Dalai Lama Empathie im Kleinen zeigt

Daniel Goleman: »Die Macht des Guten. Der Dalai Lama und seine Vision für die Menschheit«, O.W. Barth Verlag, 2015; *http://www.spiegel.de/forum/wissenschaft/altruismus-forschung-die-suche-nach-dem-guten-uns-thread-14373-3.html*

Wie die Schwester Seiner Heiligkeit ihren Bruder beschreibt

http://www.welt.de/politik/article1981832/Ihr-im-Westen-lacht-nicht-genug.html

Warum der Dalai Lama nicht missionieren möchte

http://www.abendblatt.de/hamburg/article131632257/Dalai-Lama-in-Hamburg-Wie-kann-mein-Leben-besser-werden.html